동양상담학 시리즈 **7**

모리타 상담

박성희 저

Oriental Counseling Series

학지사

동양상담학 시리즈를 펴내며

    돌이켜보면 참 오랫동안 한국상담 또는 동양상담에 대한 연구와 논의의 필요성을 느껴 왔다.

    처음 상담계에 입문할 때에는 그저 서양에서 들어온 지식을 열심히 섭취하여 상담을 잘하기만 하면 그만이라고 생각했다. 상담의 발상지가 서양이니까 그렇게 하는 게 하나 이상할 것도 없고, 또 상담계에 종사하는 모든 사람들이 그렇게 하니까 아무런 의구심이 들지 않았다. 하지만 시간이 지나면서 조금씩 내가 하는 일에 무엇인가가 빠져 있다는 사실을 눈치 채기 시작했다. 서양 사람들에게서 뽑아 낸 상담 지식을 한국 사람에게 그대로 적용하는 데에 무리가 있다는 점을 알게 된 것이다. 그러니까 그때까지 나는 한국 사람을 미국 사람 대하듯 상담해 왔다. 이런 사실을 알게 되면서 내심 무척 당황하고 부끄러웠다. 한국 사람과 미국 사람

이 모든 점에서 똑같다면 모르되, 그렇지 않다면 맞지 않는 옷을 어색하게 입히려는 우스꽝스런 짓을 하고 있었던 셈이다.

이때부터 나의 고민은 시작되었다. 어떻게 하면 한국 사람들에게 어울리는 상담을 할 수 있을까? 어떻게 하면 한국 사람에게 적합한 상담 지식을 찾아내고 이를 체계적으로 정리할 수 있을까? 어떻게 하면 한국적 문화와 역사와 전통을 반영한 상담 이론을 구성할 수 있을까? 이런 고민 끝에 한국인의 일상생활에 스며 있는 삶에 대한 철학과 사상과 문화적 전통을 뒤져 보자는 생각을 하게 되었다. 이렇게 해서 이 책에 실린 원고들을 하나씩 쓰기 시작하였다. 이때 우연히 이웃나라 일본의 상담학자들도 일찌감치 나와 같은 고민을 하며 일본식 상담을 개발하였다는 사실을 접할 수 있

었다. 모리타 상담과 나이칸 상담은 그들의 치열한 문제의식이 잉태한 일본식 상담론으로서 우리가 한 번쯤 살펴볼 만한 가치를 가지고 있다. 이 책의 제목이 한국상담이 아니라 동양상담이라고 붙여진 것은 일본상담이 포함되었기 때문이기도 하고, 동양사회를 관통하고 있는 유·불·도 삼가의 사상이 주요 주제로 다루어지고 있기 때문이기도 하다.

원래 이 원고 집필을 시작할 때는 한 권의 단행본으로 출판하려고 하였다. 그러나 작업을 하다보니 앞으로도 이런 작업이 끝없이 이어져야 할 거라는 생각, 그리고 연구가 완성될 때까지 오래 기다리기보다 그때그때 신속하게 연구 결과를 보고하는 편이 나을 거라는 생각이 들었다. 이 시리즈의 첫 원고가 이미 5년 전에 탈고되었다는 점이 이런 생각을 굳히게 했다. 앞으로

이 시리즈가 계속되기를 기대한다. 필자 역시 이 작업을 계속하겠지만, 한국상담과 동양상담에 관심 있는 상담학도라면 그 누구라도 이 작업을 이어갈 자격이 있다. 그리하여 앞으로 100권, 200권을 넘어서기까지 이 시리즈가 쌓여 가기 바란다. 감히 말하건대, 이 시리즈 목록의 길이는 한국상담의 성숙도를 보여 주는 바로미터가 될 것이다.

필자는 상담을 전공하는 후학들이 '우리와 우리 것'에 대해 관심 가지기를 간절하게 바란다. 원고를 쓰면서 필자는 우리 역사, 사상, 철학, 문화 속에 상담 정신이 깃든 자료가 그렇게 풍부하다는 데 정말 놀랐다. 그럼에도 불구하고 이들이 상담학도들의 눈에 띄지 않았다는 사실이 참 이상하다. 다소 늦기는 했지만 이 자료들을 정리하여 현대 상담 속으로 끌어들일 때가 되었

다. 외국으로부터 배울 것은 배우되, 온고지신 하는 마음으로 우리 것을 품어서 한국상담학을 정립해 가는 창조적인 작업에 모두 동참하자.

이 작업을 시리즈물로 기획하자고 제안하신 김진환 사장님 그리고 상담에 대한 깊은 애정을 가지고 정말 꼼꼼하게 교정과 편집 책임을 맡아주신 최임배 부장님에게 감사의 말씀을 드린다. 앞으로도 좋은 상담책 많이 출판하셔서 한국상담계의 발전에 큰 몫을 담당해주시기 바란다.

청주 원봉산 자락에서, 박성희

머리말

　모리타 상담은 20세기 초 일본에서 개발된 일본 고유의 상담이다. 이 상담은 현재 일본 전역에서 활용되는 상담법으로 자리 잡았을 뿐 아니라, 서구의 상담자들에게도 널리 알려져 있다. 서구의 상담학자들은 동양상담 하면 선과 명상 이외에 모리타 상담과 나이칸 상담을 연상할 정도로 그 명성이 퍼져 있다.

　모리타 상담의 내용을 자세히 뜯어보면 그 철학직 뿌리가 노장 사상에 있음을 알게 된다. 특히 모리타가 주요 치유법으로 활용했던 아무 것도 하지 않고 '있는 그대로' 두자는 '아루가마마(arugamama)'는 노자의 무위자연 사상에서 빌려온 개념이다. 그러니까 모리타는 노자의 무위자연 사상을 현대인을 치료하는 치료 기법으로 탈바꿈시킨 것이다. 사실 노장 사상은 현대 일본인의 일상생활 곳곳에 영향을 미치고 있다. 여기서 모리타가 한 역할은 일본인들의 문화적 전통 속에 스며 있는 심리치료적 요소를 찾아내고, 이를 체계적인 이론과 기법으로 다듬어 제시했을 따름이다. 세계적으로 유명한 상담/심리치료 이론들과 어깨를 나란히 하고 있는 모리타 상담은 이렇게 탄생하였다.

모리타 상담을 타산지석으로 삼아 생각해 보면 '한국적'인 상담을 개발하는 일도 불가능할 것 같지 않다. 현대 한국인의 삶에 스미고 배어 있는 동양적 철학과 사상은 얼마나 다양한가? 문제는 그 가운데서 상담적 요소를 찾아내어 이를 현대적 상담이라는 틀로 담아 내려는 노력이다. 멍하니 넋을 놓고 바깥나라만 쳐다보는 자세를 바꾸고, 시선을 우리 내부로 돌려 찾기 시작하면 이론적·실제적 타당성을 갖춘 한국적 상담을 개발할 수 있는 길은 얼마든지 열려 있다. 그런데 이게 왜 그렇게 어려울까?

차례

1

신케이쉬추란?

모리타 상담 또는 모리타 치료(森田療法)는 모리타 (Shoma Morita, 1874-1938)가 신케이쉬추(shinkeishitsu)라고 부른 증상을 가진 사람들을 치료하기 위하여 개발한 일본식 심리치료 기법이다. 모리타 치료는 일본에서는 이미 보편화된 심리치료 기법으로 활용될 뿐 아니라, 서구 사회에서도 상당한 관심을 불러일으키고 있다. 이 심리치료 기법을 이해하기 위해서는 먼저 신케이쉬추가 무엇인지, 이 증상이 어떻게 발달하는지에 대해 알 필요가 있다.

신케이쉬추(shinkeishitsu, 神經衰弱)는 사회적인 맥

락에서 대인 관계에 심각한 불안과 공포를 느끼는 사람들이 보이는 증세이며, 모리타 치료는 이 불안증을 치료하는 일본식 심리치료 기법이다.

모리타가 불안신경증이라는 기존의 용어를 그대로 쓰지 않고 신케이쉬추라는 새로운 용어를 사용한 것은 이 불안이 사회적인 성격을 띠고 있다는 점을 고려한 듯하다. 일본에서는 1900년대를 전후하여 사회불안으로 고통을 받는 사람들이 부쩍 늘어났다. 서구화가 진척되어 개인주의와 개인의식이 강조됨에 따라 일본 전통 사회의 집단 중심 가치에 변화가 생기게 되고, 이런 변화가 사람들의 일상생활에 여러 가지 압박을 주게 되었다. 그 결과 사회불안을 심하게 느끼는 사람들이 많이 등장하게 되는데, 모리타는 이들의 증상을 진단하고 치료하는 데에 기존의 의학계에서 활용하던 진단·분류·처방 체계가 적절하지 않다고 판단하고 새로운 이름을 찾게 된 것이다(Fujita, 1986).

모리타는 심리치료에서 진단을 매우 중시하고 있다. 진단의 종류에 따라 환자에 대한 처방과 치료의 방법이 달라지기 때문에 환자의 상태를 정확하게 진단하는 일은 치료에 선행하여, 또는 치료와 병행하면서 상시 이루어져야 한다고 보았다. 특히 신케이쉬추 치료는 이 증상을 보이는 환자들을 치료하기 위한 독특한 치료법을 적용하기 때문에 다른 증상을 가진 환자들에게 별 도움이 되지 않을 뿐 아니라, 오히려 문제를 악화시키는 경우도 종종 있다. 신케이쉬추로 진단받아 치료를 받던 우울증 환자들이 치료 도중 자살을 감행한 사례들이 있다는 보고는 정확한 진단의 중요성을 잘 보여 준다(Reynolds, 1976). 모리타 치료의 임상 경험에 의하면, 반사회적 이상성격(sociopath)이나 정신병(psychopath) 증세가 있는 환자들을 입원시켜 치료할 경우 치료 환경을 훼손시키고 다른 신케이쉬추 환자들의 치료를 심각하게 방해하는 문제가 있다고 한다.

모리타는 심리적인 문제를 정신 장애(psychogenic disorders), 우울(depression), 성격 장애(character disorder)로 구별하고 있다. 이 중 정신 장애는 신경증(neurosis)과 정신병(psy-chotics)으로 나뉘고, 신경증은 다시 신케이쉬추(shinkeishitu)와 히스테리(hysteria)로 나뉜다. 앞서도 언급한 바 있지만, 신케이쉬추나 히스테리 모두 정서적으로 과민한 증상을 보이지만 히스테리 환자들이 외향적인 반면, 신케이쉬추 환자들은 내향적인 성격을 가지고 있고, 아울러 신케이쉬추 환자들에게서는 강한 성취욕을 발견할 수 있다는 차이점이 있다.

모리타는 신케이쉬추 증세를 다시 세 가지 하위 임상 유목으로 세분하였다. 첫째, 일상적 신경쇠약증(ordinary neurasthenic state)이다. 이 증세는 신체적인 증상, 즉 피곤, 두통, 긴장, 불면증, 무거운 머리, 귓속에서 나는 소리(이명), 떨림, 성불능(impotence), 경직, 현기증, 건망증, 집중력 저하, 열등감, 수줍음, 읽기 또는 공부의 어려움 등을 포함한다.

둘째, 강박적 공포(obsessive-phobic state)다. 이 증세는 시선 마주치기에 대한 두려움, 일처리가 완벽하지 못할 것에 대한 두려움, 홍조(omen)에 대한 두려움, 낯붉어짐에 대한 두려움, 사람에 대한 두려움, 병에 대한 두려움, 불결에 대한 두려움, 끊임없는 의심, 그침없이 방황하는 생각 등을 포함한다. 이 증세는 대부분 사회적인 상호작용에서의 어려움을 호소하는 내용들로서 인간공포(anthrophobia)라고 불리기도 한다. 모리타 치료자들이 가장 많이 다루는 장애가 이것이다.

셋째, 불안증(anxiety state)이다. 이 증세는 심장 발작, 천식 발작, 구토 등이 포함된다(모리타 상담에서 불안은 서양에서 말하는 불안과 다소 다르다. 서양에서의 불안은 애매한 일반적인 불안을 말하는데, 여기서는 특정한 문제나 상황에 대한 두려움, 즉 흔히 공포라고 부르는 내용을 표현하고 있다).

그러면 신케이쉬추 증상은 어떤 경로를 통해 발달하는가?

모리타에 의하면, 사람은 누구나 두 가지 기본 경향을 가지고 태어난다고 한다. 하나는 '삶의 욕구(desire to live)'이고 다른 하나는 '건강을 염려하는 기본 경향(hypochondriacal basic tone)'이다. 삶의 욕구는 자신의 진정한 인간성을 있는 그대로 실현하려고 하는 건강한 욕구를 말한다. 삶의 욕구가 있기 때문에 인간은 일상생활에 적응하며 사는 맛을 느낄 뿐 아니라 성장, 발전을 위하여 끊임없이 자신을 추동해 나간다. 그런데 삶의 욕구 이면에는 죽음에 대한 두려움이 자리잡고 있다. 삶의 욕구와 죽음에 대한 두려움은 마치 동전의 양면처럼 인간의 삶을 구성하는 두 가지 핵심 측면이다. 더 정확히 말하면 삶의 욕구와 죽음에 대한 두려움은 '생명원(life force)'이라는 같은 뿌리에서 나오는 것으로서 기본적으로 인간의 본성에 내재한 본능에 속한다고 본다.

죽음에 대한 두려움이 일상생활에 구체적으로 표현되는 것이 건강을 염려하는 기본 경향이다. 자기 몸에 무슨 잘못이 있는지, 자신의 정신 상태가 건강한지, 자신의 존재가 안전한지 계속 의심하고 확인하려는 특성이 바로 이 경향이다. 따라서 사람은 한편으로 자신의 잠재력을 실현하면서 성장하고, 동시에 다른 한편으로 자기 존재의 사그라짐에 대한 불안과 두려움을 안고 살게 되어 있다. 사람들의 삶 속에 이 두 가지 특성은 늘상 함께 작용하기 마련이다. 문제는 이 두 가지 특성이 얼마나 균형과 조화를 유지하는가에 달려 있다. 특히 건강을 염려하는 기본 경향이 삶의 욕구를 펼치는 데 장애가 되지 않을 정도로 적당 수준 기능하는가가 중요한 문제로 부각된다.

신케이쉬추는 바로 이 건강을 염려하는 경향에서 균형을 잃어버린 사람이 빠지는 함정이다. 원리상 사람들의 자기(ego)는 삶의 욕구, 즉 자신을 향상시키고 발전시키는 데 에너지를 쏟는다. 그런데 삶의 욕구를 충족시키려는 이 욕구는 불가불 건강을 염려하는 경향의 하나인 불안과 기통을 농반하고 있다. 이는 지극히 지연스런 현상이다. 따라서 정상적인 경우 이 불안과 고통을 자연스럽게 받아들이고, 삶의 욕구를 충족시키기 위한 행동에 몰두하고 살게 된다. 불안과 고통이 없이 사는 것이 아니라 불안과 고통을 간직한 채 그와 더불어 산다는 말이다.

삶의 욕구를 충족시키려 할 때 불안과 고통을 경험

할 수밖에 없는 이 상황은 사람들이 벗어날 수 없는 삶의 조건이다. 그럼에도 불구하고 사람의 마음은 불편한 이 상황을 벗어나고 싶어한다. 더구나 불안과 고통을 하나의 충격으로 경험했을 때 더욱 그러하다. 모리타에 의하면, 사람의 자기(ego) 안에는 자신을 보호하기 위한 기제가 들어 있는데, 이 기제가 자신을 위협하는 불안과 고통에 대해 소위 '대항행동(antagonistic behavior)'을 하도록 이끈다고 한다. 대항행동은 위험한 상황을 보면 몸을 움츠리고 가족을 잃은 슬픈 감정이 시간이 지나면 가라앉는 것처럼, 아주 자연스럽게 자기를 보호하는 기능이다. 정상적으로 팔을 움직이기 위해서는 대항 관계에 있는 이두박근과 삼두박근이 함께 기능해야 하는 것처럼, 일상생활에서도 대항 관계에 있는 심리 기능들이 활성화되어야 자신을 보호할 뿐 아니라 정상적인 적응이 가능하다. 그런데 문제는 어떤 계기를 통해 사람의 마음에서 갈등 상황을 벗어나 도망하려는 심리가 강해져 대항행동이 지나치게 발동하면서 발생한다. 불안과 고통으로 대표되는 부정적인 정서를 두려워하여 이를 회피하려는 대항행동이 과도하게 작용하면 불안과 고통이 사라지기는커녕 오히려 사람의 마음은 불안과 갈등을 일으키는 상황과 조건에 더욱 민감하게 된다. 의식의 초점이 점점 좁아져 부정적 정서를 일으키는 단서에 집중되고, 개인 생활은 이를 벗어나기 위한 안타까운 노력으로 가득 차게 된다. 불안과 고통을 벗어나려는 노력이 바로 그것에 사로잡혀 더 깊이 고착되는 결과를 가져오는 악순환이 시작된다.

이 악순환은 모순성을 띠고 있다. 원리적으로 보면, 자기(ego)는 삶의 욕구를 충족시키기 위하여, 즉 자신을 발전시키고 향상시키는 데 방해가 되는 불안을 제거하기 위하여 싸움을 시작한다. 대부분의 경우 이 싸움은 거의 의식되지 않은 채 자동적으로 이루어진다. 그런데 정신적으로 예민하게 만드는 상황에 부딪치면 의식이 불안 현상에 집중되고 이를 해소하려는 수단들이 동원된다. 그 핵심이 되는 수단이 바로 머리로 따져 문제를 해결하려는(知力化) 방법인데, 이렇게 지력화하는 행동 자체가 불안에 더 많은 에너지를 쏟아부음으로써 더 많은 불안을 불러들이는 역할을 한다. 바로 여기서 모순이 발생한다. 문제를 해결하려는 노력이 오히려 문제를 심화시키기 때문이다. 재미있는 사실은 불안을 해결하려는 당사자는 자신의 이러한 노력이 모순이라는 점을 알지 못한다는 점이다. 불안을 해결하려는 자신의 방식이 합리적으로 여겨지기 때문에 아무런 문제가 없다고 믿고 계속 이 방법에 매달린다. 이 증상에 시달리는 사람들이 마치 폐쇄회로에 갇힌 다람쥐처럼 동일한 심리 과정을 반복하는 이유는 바로 이 때문이다. 불안, 고통, 두려움 등과 같은 부정적 정서는 기본적으로 신체 또는 감정 요인과 관련되어 있다. 신체와 감정의 문제를 지적인 방법으로 접근하면 지적인 합리화는 가능할지 모르지만, 문제를 해결할 가능성은 거의 없다고 보는 것이 사실에 가깝다. 따라서 문제를 해결하는 방법은 지금까지 해 오던 지적인 노력을 '더 많이' 하는 것이 아니라 전혀 다른 곳에서 찾는 것이 바람직하다.

'모순적인 사고 과정(contradictory thinking)'이라 불리는 앞에서 말한 악순환이 가속화되면 개인은 삶의 욕구가 지향하는 자기 성취의 내적인 과정을 포기하게 되고, 그 대신 방어적이고 자기보호적인 의식 속에 갇혀버린다. 모리타는 이를 '퇴화(degeneration)의 과정'이라고 이름 붙였다. 마치 신고 있는 신발을 들어올리기 위해 신발끈을 잡아당기는 행동처럼, 애를 쓰면 쓸수록 더 힘들어지고 더 옥죄는 올가미에 빠진 셈이 된다는 것이다. 마음으로 마음을 통제하려는 노력은 이처럼 허망한 자기모순을 벗어날 수 없다는 것이 모리타의 입장이다.

모순적 사고가 진척되어 퇴화 상태가 깊어지면, 갈등을 해결하고 행동을 조율하는 마음의 통합 기능이 약해져 결국 정신 건강을 유지하기 어려워진다. 삶의 욕구는 자취를 감추어버리고(모리타는 이를 의식의 배경으로 숨는다고 표현하고 있다.) 건강을 염려하는 경향이 확대 재생산되어 개인의 삶이 온통 불안과 고통으로 멍이 든다. 이런 상황에서 자아실현을 향한 욕구는 시

들어버릴 수밖에 없다.

　모리타가 신케이쉬추라고 명명한 증상은 방금 언급한 모순적 사고 과정의 폐쇄회로에 갇혀 높은 불안을 경험하는 상태를 말한다. 건강을 염려하는 경향이 극대화되어 지나치게 주변 자극과 자신의 내부에서 올라오는 느낌에 대해 과민해진 상태라고 말할 수도 있다. 이런 점에서 신케이쉬추는 병이 아니라 성격 이상이라는 진단이 어울린다. 신케이쉬추의 문제는 기본적으로 삶에 대한 태도와 자세(Ishiyama, 1990)에 들어 있다는 말이다. 실제로 신케이쉬추로 고통을 받는 대부분의 청담자들은 내성적인 성격을 가진 사람들이다(Fujita, 1986). 대부분 조용하고 내향적이며 주변의 시선을 지나치게 의식하는 사람들이 이 증상에 시달린다. 신케이쉬추 증상을 가진 청담자들의 또 하나의 특징은 매우 활동적인 지력을 가지고 있다는 점이다. 그러니까 단순히 불안을 예민하게 느낄 뿐 아니라 이를 해결하기 위해 다양한 지적 수단을 동원한다. 정상적인 경우라면 이 능동적인 지력은 삶의 욕구를 충족시키기 위한 유용한 자원으로 활용되겠지만, 신케이쉬추 증상에 사로잡히면 이 지력이 내부로 향하여 자기 모순을 가속화시키는 역기능을 수행하게 된다. 모리타는 이 점이 신케이쉬추 환자들이 보통의 히스테리 환자들과 다른 점이라고 강조한 바 있다.

　참고로 후지타(Fujita, 1986)가 제시한 신케이쉬추 증세의 원인·발전을 표로 나타내면 다음과 같다.

표 신케이쉬추의 원인과 발달

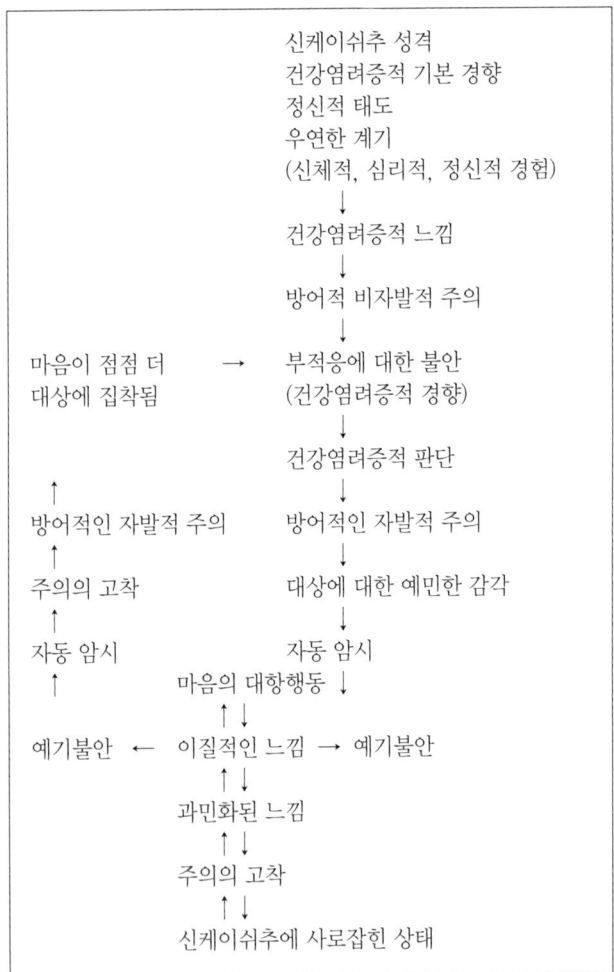

2

신케이쉬추 치료의 원리

그렇다면 신케이쉬추는 어떻게 치료할 수 있을까? 치료의 구체적인 방법과 절차를 살펴보기 전에 먼저 심리적으로 건강해지는 과정에 대한 모리타의 생각을 정리해 보자.

신케이쉬추 환자의 심한 불안은 무엇보다도 끊임없이 되돌고 있는 모순된 사고 과정(지력)에 그 원인이 있다. 따라서 이를 치료하기 위해서는 모순적으로 악순환되고 있는 사고의 흐름을 끊어버리면 된다. 이 사고의 흐름을 끊기 위해 무엇보다도 먼저 할 일은 지금까지 환자가 사용해 오던 사고 작용을 멈추는 일이다.

모순된 사고를 생산적 사고로 대치하는 것이 아니라 사고 기능 자체를 정지시킨다는 말이다. 사고를 정지시키는 일이 쉽지는 않겠지만, 일단 이리저리 따지고 고민하는 사고의 기능이 정지된다면 그 다음 어떤 일이 일어날 것인가?

모리타는 여기에 '아루가마마(arugamama, あるがまま, things as they are)'라는 새로운 개념을 등장시킨다. '있는 그대로'라고 번역되는 이 용어에는 동양의 무위 철학이 그대로 담겨 있다. 그러니까 환자가 아무 일도 하지 않고 모든 것을 있는 그대로 내버려두면 자연, 아니 인간 속에 담겨 있는 '살려는 욕구'가 움직이기 시작하여 서서히 문제를 해결하는 단계에 들어선다는 것이다. 모순과 갈등으로부터 자유롭게 하는 힘이 애써 무엇을 시도하려는 의지에 들어 있는 것이 아니라, 있는 상태 그냥 내버려두고 받아들이는 수용 속에 들어 있다는 말이다.

아루가마마에 대한 모리타의 생각은 불결강박증(myso-phobia)으로 시달리던 여자 환자를 치료하는 과정에서 굳어졌다고 한다. 강박증으로 시달리던 이 환자는 오랫동안 병원에 입원하여 치료해 보았지만 아무런 효과 없이 퇴원하게 되었다. 모리타를 찾아온 이후, 모리타 역시 최면치료, 활동치료, 대화치료 등을 사용해 보았지만 아무런 효과를 얻지 못하고 있었다. 이 여자를 치료하는 데 지친 모리타는 그냥 침대에서 쉬라고 하고 이 환자를 방치해두었다. 의사가 자기를 포기했다고 믿은 이 환자는 처음에 상당한 고통과 절망을 느꼈지만, 바로 그 절망으로부터 새로운 용기가 일종의 반작용으로 솟는 것을 경험했다. 그러자 강박 증세는 갑자기 사라졌다. 이 사례는 모리타로 하여금 아무것도 하지 않고 그냥 내버러두는 행동, 즉 아루가마마의 힘을 절실히 느끼게 한 것 같다(Fujita, 1986, pp. 24-25).

세상을 살면서 사람들의 머릿속에는 두 가지 태도가 자리를 잡는다. '실제 있는 그대로(what is) 두기'와 '바라는 대로(what it shoud be) 만들기'가 그것이다. 이 두 가지 자세는 인간의 의식 속에 본질상 상호 모순

되는 상태로 남아 있다. 사람이 바라는 바대로 세상 모든 것이 따라 줄 리가 없기 때문이다. 그런데 개인 내부에서 '바라는 바' 대로 만들고자 하는 마음이 '실제 있는 그대로'를 받아들이는 마음을 거부하고 이를 공격·억압하면 모순과 부조화가 발생하고 결국 부적응을 야기한다. 따라서 치료자는 환자에게 이 두 가지 모순 상태를 깨닫게 하고 바라는 바대로 세상을 만들어 가려는 의지를 포기하도록 이끌어 갈 필요가 있다. 그 길은 실제 있는 바 그대로 세상을 받아들이는 생활 자세, 즉 아루가마마를 갖는 일이다.

한 가지 예를 들어 '실제 있는 그대로'를 받아들이는 생활 자세를 설명해 보자. 일상생활을 하면서 피할 수 없는 경험 중에 고통(suffering)이 있다. 원하든 원하지 않든 사람은 누구나 고통을 경험한다. 그런데 대부분의 사람들은 고통받기를 원치 않을 뿐 아니라 고통스런 상황을 피하고 벗어나기 위해서 안간힘을 쓴다. 고통에 대한 이런 자세는 바로 고통을 자신이 바라는 바대로 만들어 보려는 행위에 속한다. 그러나 고통을 다르게 받아들일 수도 있다. '고통은 삶의 본질에 스며 있는 것으로서 살다보면 으레 접하기 마련이다. 그러니까 고통을 피할 이유도 고통에 저항할 이유도 없다. 고통스럽지 않을 때가 있으면 고통스러울 때도 있는 법이다. 이는 자연스런 흐름으로 나타났다가 사라지는 연속의 과정일 따름이다. 따라서 내가 특별히 고통에 집착할 필요가 없다. 더구나 고통의 나타남과 사라짐에 대해 예측할 수도 변화시킬 수도 없는데, 거기에 마음 쓸 필요가 무엇이란 말인가.' 고통에 대해 이렇게 받아들이는 자세가 바로 실제 있는 바를 그대로 받아들이는 생활 자세다.

새미있는 것은 실제 있는 바 그대로 고동을 받아들이면 고통의 위세가 많이 약화되는 반면, 고통을 피하기 위해서 애를 쓰면 오히려 고통에 더 깊이 빠져든다는 사실이다. 후자의 경우 심리적 에너지가 다른 곳으로 향하지 않고 고통에 집중되기 때문에 그 강도가 더욱 강해지는 것이라는 해석이 가능하다.

어쨌든 아루가마마는 불행은 불행으로, 고통은 고통

으로, 불안은 불안으로, 기쁨은 기쁨으로, 사실은 사실로 솔직히 인정하고 있는 그대로 받아들이자는 태도를 말한다. 있는 것을 부인하고 거부하기 위해서 인위적인 자기 주장을 하거나 머리로 꾀를 짜내는 대신, 물 흐르듯 변화하는 환경과 상황에 순응하자는 것이다.

있는 것을 그대로 받아들이는 아루가마마의 태도는 마치 도가나 불가에 통달한 도인을 연상시킨다. 그러나 모리타가 이 말을 한 것은 불·도가에서 말하는 도인이 되라는 말이 아니다. 다만 자기 내면에서 일어나는 감정의 흐름을 막거나 바꾸려는 노력을 포기하고 이를 있는 그대로 받아들이라는 말이다. 다시 말하면 감정의 문제를 사고로 풀려는 기왕의 노력을 중단하고 자기 속에서 일어나는 감정이 제 갈 길을 가도록 내버려두라는 말이다. 사실 신케이쉬추 핵심 증세로 지목되고 있는 과민성 불안 반응은 감정의 문제에 해당한다. 그런데 이 감정은 나름대로 생성·소멸되는 독특한 경로가 있다. 이를 무시하고 인위적인 지적 노력으로 감정에 개입하여 문제를 해결하려고 할 때 앞에서 말한 모순적인 사고의 악순환에 빠지게 된다.

모리타에 의하면, 감정은 일종의 개인 삶의 반영으로서 나타났다가 사라지는 자연스런 흐름이며, 한 번 정점에 도달하면 이내 약해지고, 상황에 익숙해지면 그 강도가 떨어지며, 충분히 체험해야 사라지는 특성을 지니고 있다. 따라서 감정을 자기 뜻대로 통제하고 조절하려는 모든 인위적인 시도는 헛수고에 그칠 따름이다. 감정에 대한 대책은 무대책, 즉 그냥 제 길 가는 대로 내버려두는 것이 최고의 대책이라는 말이다.

그렇다면 감정의 흐름을 있는 그대로 두기만 하면 신케이쉬추는 자동적으로 해결되는가? 모리타는 여기에 중요한 힌 가지 과성을 더 첨가시키고 있다. 헹동으로 옮기는 일이다. 살려는 욕구는 기본적으로 무엇인가를 성취하려는 목표를 향해 움직인다. 이 목표를 달성하려면 구체적인 생활 속에서 행동이 필요하다. 배고플 때 음식 섭취를 위한 행동이 요구되는 것처럼, 모든 삶의 욕구는 행동을 통해 완성된다. 따라서 신체 · 정신 근육을 사용해 일하고 행동하는 과정은 신케이쉬추의 치료에서 빠뜨릴 수 없는 과정이다.

그러니까 신케이쉬추의 치료는 한편으로 감정의 흐름(불안)을 있는 그대로 두고, 다른 한편으로 성취하고자 하는 일을 향해 행동하는 과정으로 구성된다. 공부할 때 잡음이 들려 짜증이 나면 어떻게 하는 것이 효과적인가? 잡음을 듣지 않기 위해 억지로 이런저런 노력을 하면 공부가 잘 되기는커녕 그 잡음에 마음이 더 혼란해질 따름이다. 잡음을 자연스럽게 내버려두고 그냥 하던 공부를 하다보면 어느 틈에 잡음은 더 이상 들리지 않고 공부에 집중하고 있는 자신을 발견하게 된다. 마음 또는 우리의 정신은 이처럼 끊임없이 흐르고 변화하며 일순간도 멈추거나 정지하지 않는다. 이것을 억지로 한 지점에 고착시키려고 하면 부작용이 발생할 따름이다. 따라서 마음의 자연스런 흐름을 그대로 간직한 채 어떤 시점에서 해야 할 작업, 필요한 행동에 몰두하는 일이 중요하다. 사람들 앞에서 무엇인가를 발표하려고 할 때 무대공포를 느끼는 것은 자연스런 일이다. 이때 속에서 흐르는 불안에 주의를 기울이지 말고 그 불안이 있음을 그대로 인정하지만, 그럼에도 불구하고 그에 구애받지 않은 채 순서에 따라 발표하는 행동을 취해 나가라는 말이다.

마음의 흐름을 그대로 두고 실제 행동에 몰두하는 생활을 계속 하다보면 차츰 과민성 불안 반응과 대상에 대한 집착이 줄어든다. 이렇게 되면 건강을 염려하는 기본 경향에 유연성이 붙고 자아를 실현하며 살려는 욕구가 힘차게 움직이기 시작한다.

모든 것을 있는 그대로 존재하게 하는 아루가마마의 태도는 이렇게 정신 건강을 회복시키고, 자아를 실현하며, 정상적인 일상생활을 영위할 수 있도록 도와주는 힘을 가지고 있다. 신케이쉬추 치료의 핵심인 장시간 동안의 침대 휴식(bed rest)과 작업치료(work therapy)는 바로 이 아루가마마를 활성화시키는 방법들이다.

후지타(Fujita, 1986, p. 208)가 제시한 신케이쉬추의 발달과 치유 과정을 그림으로 나타내면 다음과 같다.

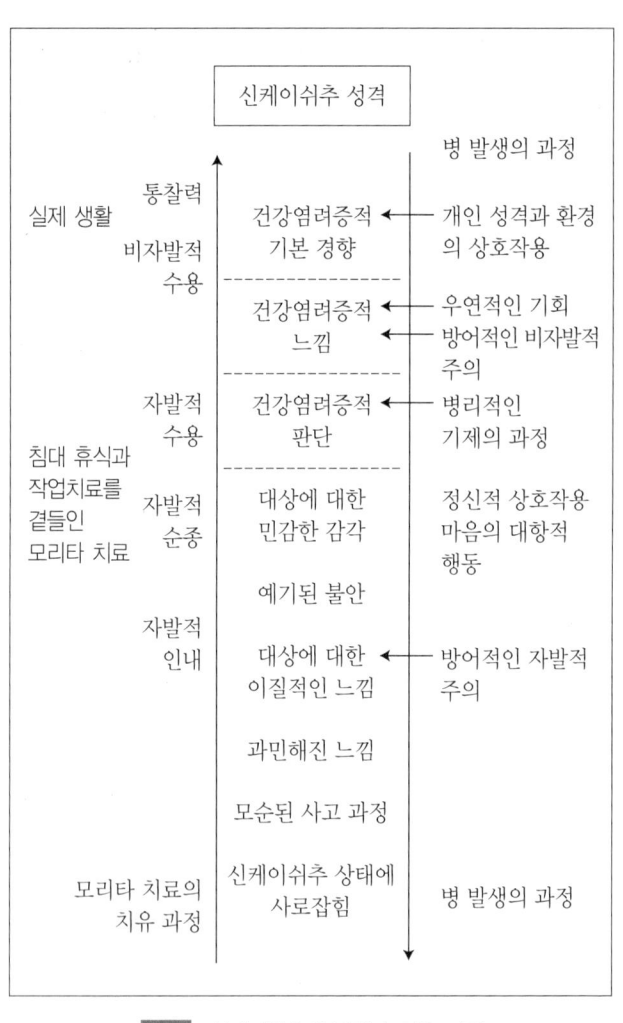

그림 신케이쉬추의 발생과 치유 과정

3

모리타 심리치료의 절차

이제 신케이쉬추를 치료하기 위해 모리타 상담이 사용하는 세부 절차를 살펴보자(이 부분은 Fujita(1986)가 소개한 신케이쉬추 치료 절차를 주로 참고하여 재구성하였음).

모리타 치료를 시작하기 전에 치료자는 다음과 같은 절차를 환자에게 이해시켜야 한다. 먼저 치료자는 환자에게 신케이쉬추의 기본 개념과 형성 과정에 대해 설명해 준다. 그리고 모리타 치료를 하면서 반드시 지켜야 할 다음 사항들을 자세히 알려 준다.

완전하게 격리된 침대 휴식: 화장실에 가기, 손을 씻고 식사하기를 제외하고 환자는 항상 침대에서 휴식을 취해야 한다. 쓸모없는 대화, 방문객 맞이, 독서, 라디오 청취, TV 시청, 흡연 등은 모두 금지된다. 완전하게 격리된 채 갖는 휴식은 대략 7일 정도 지속된다. 치료자는 이 휴식이 끝나기 하루 전에 환자에게 그 사실을 알린다.

이 기간 동안 환자는 자기 마음대로 생각의 나래를 펼칠 수 있다. 환자는 가능한 한 많이 생각하고 자신이 견딜 수 있는 한도에서 많은 고통을 느껴 본다. 이 기간 동안 환자는 원하는 대로 얼마든지 잠을 잘 수 있다. 잠에서 깨어나면 다시 또 생각에 잠기도록 한다. 휴식을 취하는 동안 환자가 급성 불안을 느끼고 고통이 심하여 이 치료의 효과를 의심할지라도 변함없이 이 조건은 그대로 유지되어야 한다. 환자가 침대에 조용히 누워 있는 동안 아무런 저항이나 반대 없이 그의 마음이 향하는 대로 모든 것이 따라가야 한다.

치료의 두 번째 단계 후에 주어지는 주의 사항: 계절에 따라 약간의 차이는 있지만, 대개 환자는 오후 10시에 잠자리에 들고 오전 6시에 일어난다. 치료의 두 번째 단계에서 환자는 밖으로 나갈 수 있다. 그러나 생필품을 사기 위해 쇼핑을 한다든가, 이발소나 대중목욕탕에 가는 것처럼 피할 수 없는 이유가 있을 때에만 그렇게 할 수 있다. 쉬기 위해 산책을 하거나 찻집 또는 극장에 가는 활동도 금지된다.

TV 시청, 장기, 바둑, 카드, 화투, 악기 연주 등은 치료의 셋째 단계에서 허락되는 활동이다. 그러나 이런 활동도 점심 또는 저녁 식사 후 잠깐의 휴식 시간 중 가능하다.

방문객 맞이는 치료의 네 번째 단계 이후에나 허용된다.

환자는 항상 자신이 치료 과정에 있으며, 책임감 있고 신중하게 행동해야 한다는 점을 명심해야 한다.

이상의 지침을 환자에게 설명한 후 치료자는 다음의

순서에 따라 치료를 진행시킨다.

- **1단계:** 완전하게 격리된 침대 휴식. 환자를 홀로 쓰는 개인 방으로 안내한다. 문자 그대로 격리된 환경을 제공하기 위해서 향, 소리, 음성 등과 같이 외부로부터 들어오는 모든 자극과 직접 조명을 최대한 제한한다. 방문객 맞이, 대화, 독서, 흡연 등을 일절 금지한 채 환자는 완전히 홀로 있어야 하며 용변, 세수, 식사 시간을 제외하고 항상 침대에 올라가 있어야 한다. 침대 휴식 기간이 시작되면 대개 입원하기 전의 말썽 많은 자극들로부터 떨어져 나온 결과로 첫날 식욕이 돋는 게 보통이다. 환자는 정신적, 신체적 안식의 상태에 있게 된다. 이 단계는 보통 4~7일 정도 걸린다.
- **2단계:** 가벼운 작업치료. 이 단계 역시 격리된 환경에서 시작한다. 첫 번째 단계와 유사하게 대화, 방문객 맞이, 게임 등이 금지된다. 환자는 오후 9시 30분에서 10시 사이에 잠자리에 들고 오전 6시

에 일어난다. 침대 휴식 기간은 8시간 정도로 제한된다. 대낮에는 바깥에 나가 신선한 공기를 마시고 햇볕을 쬔다. 그러나 설령 신체적으로 지치거나 피곤을 느낀다고 해서 옆으로 눕거나 방에 들어가 낮잠을 자는 것은 허락되지 않는다. 환자는 그날 일어난 일을 반드시 일기로 써야 한다. 이 기록은 환자의 정신적, 신체적 상태에 대해 이해하는 데 도움을 주는 정보가 될 것이기 때문이다. 불쾌한 신체 감각 또는 강박 상태는 아루가마마의 인내하는 정신으로 차분하게 견뎌 내도록 한다. 이 단계의 목적은 환자로 하여금 고통을 참아 낼 뿐 아니라 지루함에 지쳐서 자발적인 활동을 하고 싶은 마음이 들도록, 즉 활동하고 일하려는 욕구가 발생하도록 자극하는 데 있다. 치료자는 결코 환자에게 일시적인 작업을 시키거나 잠깐씩 일을 하도록 해서는 안 된다. 이 단계는 약 4~7일 걸린다. 4일째부터는 조금씩 대화를 허용하지만, '외부인'과의 친목은 여전히 금지된다. 그러나 치료

자는 하루 내내 환자가 방을 나와서 어떤 활동에
든 참여하도록 격려해 준다.

· 3단계: 활발한 정신 · 신체적 작업치료. 마음과 몸
  의 자발적인 활동을 자극하는 방법들에 대해서는
  주로 앞의 단계에서 소개하였다. 이 단계에서 치
  료자는 작업에 대한 끈기와 인내를 조장하고, 자
  신감을 갖도록 도와주며, 작업 활동에서 성공하여
  만족감을 느낄 수 있도록 도움으로써 용기를 불러
  일으킨다. 환자는 자기 신체 조건에 맞추어 힘이
  많이 드는 잡일을 가능한 한 많이 하도록 한다.
  구멍을 판다거나, 장작개비를 자른다거나, 정원
  을 돌보고 나무를 보살피는 일들이 여기에 해당할
  것이다. 독서도 서서히 허용된다. 외출도 허용되
  지만 생필품을 사거나, 특별한 목적 없이 산보를
  하거나, 친구나 가족을 만나는 일로 제한한다. 상
  대가 있는 장기나 바둑 같은 놀이 게임은 여전히
  금지된다. 혼자 하는 독서, 작업만 할 수 있을 따
  름이다. 세 번째 단계는 약 7일 동안 지속된다.

- 4단계: 일상활동 훈련치료. 이 단계에서는 치료자로 하여금 바깥세계의 변화에 적응하고 치료 환경 밖의 삶을 준비할 수 있는 훈련을 한다. 가족과의 대화, 독서, 일처리를 위해 외출하기 등이 이 단계에서 허용되는 활동들이다.

4

모리타 치료의 전개 과정

신케이쉬추의 병인과 치료 원리에 대한 복잡한 설명에 비해 모리타 치료의 절차는 의외로 간단하게 설명되고 있다. 그러나 환자가 이 치료의 과정을 통과해 가는 것은 그리 간단하지 않다. 이제 모리타가 제시한 각 단계별로 환자가 어떤 체험을 하고 어떤 것들이 중요하게 다루어지는지 자세히 살펴보자.

1. 1단계: 완전하게 격리된 침대 휴식

모리타는 이 단계를 고통과 지루함(권태)의 시기이며, 동시에 '사회적인 소통으로부터의 단절 기간'이라고 불렀다. 엄밀히 말하면, 이 단절은 두 번째 단계까지 지속되며, 세 번째 단계에서 제한된 소통이 허용되기는 하지만, 사회적인 소통은 네 번째 단계에 이를 때까지 금지되는 것이 원칙이다. 모리타 치료에서 네 번째 단계에 이르기 전까지 환자의 마음은 사회적인 접촉으로부터 완전히 격리된 상황 속에서 자신을 마주 대한다.

이 단계에서 환자의 자아식별력이 촉진되는데, 환자의 의식과 그에 일어나는 변화는 일반적으로 다음과 같다고 한다.

첫날, 환자는 새로운 생활 여건에 대한 기대와 불안으로 긴장을 경험한다. 그럼에도 불구하고 환자는 점차 편안해지고, 많은 경우 복잡한 세상사로부터 자유로움을 느끼며 조용한 상황에서 편안하게 잠에 빠져

든다.

둘째날, 환자는 머릿속에서 불안하게 이것저것을 관련짓고, 상상 속에서 이런저런 종류의 다양한 관념과 고통을 인식한다. 이 인식은 사람마다 차이가 있지만 대개 개인적인 관심사, 병의 원인, 미래에 일어날 일 등을 맴돈다.

이러한 상황에 대해 모리타는 "만일 환자가 상상 속에 떨어지면, 주의를 다른 데로 돌린다든지 또는 그 상상 활동을 잊거나 없애려고 애써서는 안 된다. 오히려 더욱 적극적으로 상상을 전개하도록 해야 하는데, 만일 그 상상과 연합된 고통이 참기 어려우면 이를 꽉 깨물고 주먹을 굳게 쥐며 마주칠시언정, 포기하지 말고 마지막에 그것이 어떻게 되는지 끝까지 두고 보아야 한다. 침대를 떠나 방 밖으로 나간다든지 자신의 고통을 다른 사람들에게 불평하는 일은 절대로 하지 말아야 한다."고 말한 바 있다. 모리타는 '불쾌한 생각을 떨쳐버리려고 노력하는 것은 파도를 다른 파도로 없애버리려는 것과 비슷한 것으로, 결국은 끝없이 이어지는 파도를 만들어 내는 것과 다르지 않다.' 는 선(禪)의 격언을 인용하기도 한다. 무언가 무서운 일이 상상 속에 떠오르면 환자는 이를 피하려고 무진 애를 쓰는데, 애를 쓰면 쓸수록 마음은 거기에 매달리게 되어 잊기가 어려워진다. 반면에 환자가 과감하게 상상 속으로 뛰어들어 그 내용을 꼼꼼이 검색하면, 결국은 별로 염려할 게 없다는 사실이 드러난다.

이는 고통에 대해서도 마찬가지다. 환자가 고통을 피하려 하면, 그는 불안 속으로 더 깊이 뛰어들게 될 것이다. 그러나 환자가 고통을 고통으로 인정하면서 이를 직접 맞대면하면, 어느새 고통은 가벼워지다가 사라질 것이며, 환자는 새로이 소생하는 듯한 느낌을 맛볼 수 있을 것이다. 고통에 대해 공격적으로 대드는 자세가 오히려 고통으로부터 벗어나는 길을 안내하는 셈이다.

신케이쉬추 환자는 고통과 불안에 대해 미리 두려워하는 예기 공포로 인해 두 배나 더 많은 고통스러움을 맛보게 된다. 더욱이 이 고통과 불안에 대해 도전하려는 마음을 먹을 때 이 공포는 서너 배 더 증폭되기 마련이다. 따라서 이 단계에서 환자는 자기가 처해 있는 상황에 변화를 일으키는 다양한 정신적 실험을 할 필요가 있다. 바로 이 정신적 실험이 신케이쉬추 증상의 약화를 촉진시킬 수 있는 근거가 된다.

이 단계에서 고통을 경험할 때 어떤 환자는 아주 신속하게 이 고통스런 과정을 통과하여 급격하게 증상이 줄어들기도 한다. 실제로 두세 시간 만에 이 단계를 마치는 환자들도 있다. 그러나 대부분 눈에 띄는 효과는 4일이나 5일째가 되어야 분명하게 관찰할 수 있다. 이 과정을 천천히 통과하는 환자들은 흡연, 잦은 용변, 창 밖 풍경을 바라보는 행동 등과 깊이 주의를 다른 데로 돌리려는 경향을 보인다. 그러나 환자가 고통을 대면하고 더불어 싸워서 실제로 이를 극복하는 경험을 하게 되면, 편안함을 느끼기 시작하여(대개 셋째, 넷째 날) 지난날의 고통을 되돌아보는 여유도 가지게 될 것이다. 이렇게 되면 환자가 똑같은 고통을 다시 불러들여 경험해 보려고 노력하더라도 자기 뜻대로 그렇게 할 수 없다는 사실, 그리고 자신이 어떤 방법으로도 자아를 고통스럽게 할 수 없는 상황에 처해 있다는 사실을 알게 될 것이다.

시간의 흐름에 따라 일어나는 각종 상념들은(idle notion) 자신과 무관한 것으로 경험되어 객관적으로 마주칠 수 있게 될 것이다. 대략 4, 5일쯤에는 권태로운 느낌이 그 같은 상념들의 자리를 대신 차지하게 된다. 환자들은 일찍 일어나서 무엇인가를 하거나, 또는 다른 사람 아무에게나 말을 걸고 싶어진다(이 단계는 권태＝자극－결핍 단계다). 불안, 집중곤란, 머리가 무거운 느낌, 불면증 등과 같이 환자가 이전에 알고 있던 다양한 증상들이 거의 사라져버린다. 대부분의 경우, 이 첫 번째 단계가 끝나면 환자는 초조, 신체적 부조화, 피곤 등의 증상이 줄어들 뿐 아니라 정신적·신체적 평온을 체험한다. 하지만 어떤 사례의 경우에는 완전하게 격리된 침대 휴식 상황의 결과가 연장되어 정신적·신체적 활동의 저하가 지속되기도 한다.

2. 2단계: 가벼운 작업치료

이 단계에서도 원칙상 환자는 모든 사회적 소통으로 부터 격리된다. 사회적인 교제, 대화, 외출 등은 모두 금지된다. 환자는 오후 9시나 10시에 잠자리에 들고 아침 5시나 6시에 일어난다. 일과중에 환자는 밖으로 나가서 공기를 마시거나 햇빛을 쪼일 수 있지만, 몸이 피곤하다고 누워서는 안 된다. 환자는 그날 일어난 일을 일기장에 기록해야 한다.

첫날, 환자의 활동은 제한된다. 근육을 많이 쓰는 중노동이나 과도한 산책은 허용되지 않는다. 정원에서 환자는 마음 가는 대로 앉아 있거나, 잔디 위이 잡초 또는 마른 잎을 줍거나, 지나가는 개미를 관찰한다. 이 단계의 목적은 활동에 어떤 인위적인 제약을 가함으로써 마음과 몸이 참여하는 자발적인 활동에 대한 욕구를 불러일으키는 데 있다. 환자가 이런 식으로 제약을 당하면, 그는 자연히 지루함을 느끼고 활동에 열심히 참여하지 못하는 것에 대해 불만스럽게 된다. 그 결과 마음과 몸의 자발적인 활동을 향한 욕구가 활성화된다. 이런 관점에서 특별한 과제를 부과하지 않은 채 수동적인 제약만을 가하는 것이다.

모리타는 이러한 활동에 대한 관심과 일을 하려는 열망은 항상 환자로부터 나오는 것이어야 한다고 하였다. 예를 들어, 만일 그와 같은 작업 활동이 사전에 예정된 것으로서 환자에게 일방적으로 주어진 것이라면, 환자는 자기 동기화된 활동으로서 열심히 참여할 기분을 일으키지 못한다는 것이다. 따라서 두 번째 단계 동안에는 환자의 실제 생활로부터 떨어진 활동, 즉 실제적인 일과 무관하고 의미가 있을 것 같지 않은 활동을 선택할 필요가 있다. 그 주요 목적은 신케이쉬추 환자의 마음과 몸에 자발적인 활동을 불러일으키고, 환자가 계속 그 방향으로 일하도록 격려하는 데에 있다. 둘째 또는 셋째 날이 되면 환자의 생동하는 힘이 정상으로 회복되므로, 첫째 날의 제약을 풀어서 환자로 하여금 자신의 관심을 사로잡는 일을 마음대로 찾아 수행하도록 한다. 하지만 과도한 신체 노동은 아직 허용되지 않는다.

점차 다른 환자들과의 대화와 가벼운 독서도 허용할 수 있다. 그러나 외부 세계와의 소통은 여전히 금지된다. 설사 환자가 독서에 흥미를 가질지라도 방에 머물러 있는 동안에는 독서를 못하게 한다. 독서는 일하는 시간 사이사이 잠깐 쉬는 동안만 허용될 뿐이다. 독서의 자료도 역사, 자연과학, 자서전으로 제한한다. 이해하고 기억하기 위해 특별한 노력이 필요한 내용이 담긴 서적은 금지된다.

신케이쉬추 환자는 대개 자기가 읽은 내용이 마음속에 남아 있지 않기 때문에 고통스러워한다. 두려움에 대해 끊임없이 염려하는 마음이 의식을 사로잡고 있어서 기억 기능을 집중시킬 수 없을 뿐 아니라, 주의를 다양하게 분산하지 못하는 것이 이들의 문제다. 환자의 마음이 자신이 읽고 있는 내용으로 향하지 않고 자신의 신체적·정신적 상황을 향하여 고정되는 것이다.

따라서 이 단계 동안에 환자는 원하면 가볍게 책을 읽다가 흥미가 떨어지면 그냥 읽기를 멈추면 된다. 독서를 하기 위한 특별한 계획은 전혀 필요하지 않다. 대략 다섯째 날이 되면 신체적·정신적 작업에 대한 흥미가 점차로 높아진다. 환자는 더 힘든 일을 하기 시작하며, 건강에 대한 관심으로 인해 고된 일을 하면서 만족을 찾는다. 여기서 두 번째 단계가 끝난다. 이때쯤이 되면 마치 새로운 사람이 된 것처럼 환자의 얼굴 표정, 태도, 말하는 방식에 생동감이 넘쳐흐른다.

3. 3단계: 활발한 정신·신체적 작업치료

두 번째 단계에 이어 가면서 작업의 양과 질이 점차로 높아진다. 어떤 환자는 하루 종일 어떤 종류의 일에 몰두하기도 한다. 창문을 닦거나, 마루를 청소하거나, 나무로 물건을 만들거나, 잔디를 돌보는 일들이 여기에 포함된다. 결과를 뚜렷이 볼 수 있는 과제들이면 더 좋다.

허용되는 독서 자료의 범위도 더 넓어진다. 이제 환

자는 휴식 시간 동안 자기가 특별한 관심을 가진 분야의 서적이나 학교 교재를 읽을 수도 있다. 하지만 허용되는 내용은 여전히 이전 단계와 유사하다.

외출도 허용되지만, 아직 생필품을 사거나 간단한 업무를 보는 것으로 제한한다. 심심풀이 산책이나 친구와 한담하는 것도 이 단계에서는 허용되지 않는 활동이다. 배구, 농구, 야구, 탁구, 카드놀이 등과 같은 스포츠와 게임도 아직 허용되지 않는다. 환자는 오로지 혼자서 일하거나 독서하는 활동이 허용될 따름이다. 더욱이 외출 공포, 움직이는 차에 대한 공포처럼, 환자의 활동이 자신의 강박증에 의해서 아직도 움츠러들어 있다면 쇼핑을 하라고 시키거나 심부름을 보내고, 필요하면, 버스나 출퇴근용 기차와 같은 대중교통 수단을 이용하도록 한다. 그러나 그와 같은 활동의 목적이 심부름을 완수하는 것이라는 사실을 완전히 이해시켜야 한다. 외출이나 차를 타는 것은 오로지 그러한 목적을 달성하기 위한 수단으로서만 허용된다.

대체로 이 기간이 끝날 즈음, 즉 처음 치료를 시작한

지 약 4주가 지나면서 치료에 대한 반응은 여러 가지 형태로 나타난다. 치료가 상당히 효과를 보인 환자들에게서도 세 번째 단계의 초기 동안에 신케이쉬추 증상이 계속 나타날 수 있지만, 이때가 되면 그 증상이 현저히 줄어들거나 거의 완전히 사라지며, 일상생활(병원의) 속에서 환자들은 아주 독립적이고 능동적으로 일에 몰두한다. 어떤 환자는 증상에 급격한 변화가 보이지 않기 때문에 계속 의심을 하면서도 치료자의 지시에 응하기 위해 많은 노력을 한다.

설사 환자가 일상활동에서 많이 진전되어 객관적으로 보아 건강한 사람과 다를 바 없을지라도, 환자는 여전히 주관적으로 자신의 상황이 다른 사람들에 비해 열등하다고 평가한다. 환자 역시 자신의 상황이 점진적으로 좋아지고 있다는 점을 인정하지만, 앞으로 더 악화될지도 모른다는 불안을 계속 가지고 있을 수도 있다.

치료 과정에서 만족스러운 진전이 보이지 않는 사례들을 살펴보면, 대부분 매일 하는 작업 활동에 의심을 품고 있음이 드러난다. 작업(일)이 어떻게 증상을 감소시킬 수 있을까, 또는 어떤 종류의 작업이 그 증상에 가장 적합할까에 대해 곰곰 따지면서 '진짜 일'하는 것으로부터 자신을 떼어놓는 경향도 보인다. 일기에 혐오스런 느낌을 적어놓고, 할당된 일을 하는 것은 증상 감소와 아무런 관련이 없기 때문에 소용없다고 비난하는 환자도 있다.

세 번째 단계까지 치료 과정의 목적은 환자로 하여금 사회적인 소통으로부터 격리된 상태에서 자아와 싸움을 벌이면서 자기 검사와 자기 탐문을 통해 자아를 초월할 수 있는 기회를 맞이할 준비를 시키는 데에 있다.

세 번째 단계에서 네 번째 단계로 넘어가는 시간은 환자와 치료자 모두에게 매우 중요한 기간이다. 여기에는 다음의 중요한 특성들이 들어 있다. 첫째, 점진적이기는 하지만 환자가 주관적으로 느끼는 증상이 감소하면서 치료의 과정이 제대로 진행된다. 둘째, 증상의 강도가 비슷한 수준에 머물러 있을지라도 환자의 일상생활 태도에서 자기 주장이 보인다. 셋째, 환자는 실제 일상생활과 유사한 상황에 접할 준비가 되어 있다.

4. 4단계: 일상활동 훈련치료

모리타는 이 단계를 '복합적인 실제 생활 단계' 라고 불렀다. 환자가 외부 세계의 실제 생활 여건과 직접 관련된 준비를 하는 단계다.

세 번째 단계의 목적은 증상에 의해 야기되는 고통을 감내하면서 진정한 자아를 찾아가는 자발적인 체험을 습득하도록 하는 데에 있었다. 이 목적을 위해서, 일과중의 생활 여건을 조정하여 사회적 소통을 제한하거나 금지하였다. 즉, 쉬기, 놀이하기, 쓸모없이 시간 보내기 등과 같은 활동들을 금지하는 대신 인내 훈련, 잠재되어 있는 자발성 발견, 증상에 대항하는 싸움 알아챔, 자신감의 획득 등이 강조된다.

그러나 네 번째 단계에서 이 모든 제한들은 제거된

다. 실제 생활 상황이 그대로 펼쳐져 있는 가운데 외부 세계에 대한 적응 훈련을 하는 것은 바로 그곳으로 돌아가기 위한 훌륭한 준비 수단의 하나이기 때문이다. 독서 자료의 양·질과 외출할 기회가 넓어지고, 가족이나 친지와의 의사소통이 허용되며, 환자가 달성코자 하는 생활 목표를 향하여 열심히 노력하는 것이 권장된다. 환자는 잠자리에 드는 시간도 조절할 수 있고, 밤새 깨어 있을 수도 있다. 여러 가지 운동에 참여할 수도 있으며, 휴식 시간 중에는 스포츠, 영화 관람, 강의 청강, 바둑·장기 놀이, 산책 등의 활동도 할 수 있다.

이 단계의 주요한 목적은 환자로 하여금 무엇이든 욕구가 일어나는 대로 자발적으로 참여하며, 더 나아가 자신이 하고싶은 것은 무엇이든지 할 수 있다는 느낌을 갖도록 이끄는 데 있다. 따라서 치료자는 환자가 지금까지 가지고 있었던 편견에 사로잡힌 자기열등감을 추방하여 자신감을 갖고 여러 활동에 임하도록 돕는다.

이 단계에서 환자의 의식 상태는 매우 다양하지만, 모든 환자들에게 공통적인 것은 자신 속에서 일어나는 변화에 대한 인식이 커진다는 사실이다. 자신의 증상에 대해 그렇게 심하게 걱정을 하던 환자가 이제는 새로운 사람처럼 느낀다. 내부에서 올라오는 행복을 경험한 환자는 자연스럽게 미소를 짓게 되고, 자신감과 유사한 무엇인가가 아래로부터 솟아오르는 것을 느끼기도 한다.

그러나 이 느낌은 아직도 불안정하고 대개는 시시때때로 변한다. 한때는 완전히 치료된 것처럼 자신감이 넘치다가, 어느새 자신감을 잃어 절망의 나락에 떨어진 듯한 반대 느낌에 사로잡힌다. 하지만 기쁨의 극에서 슬픔의 극에 이르는 이 급격한 느낌의 흔들림은 점차 약해진다.

이러한 상태는 대개 네 번째 단계의 첫 주가 끝난 직후에 일어난다. 환자는 변하는 자신의 모습에 대해 비판적인 태도로 평가하기 시작하는데, 이는 자아에 대한 심리적 거리감이 어느 정도인가에 따라 달라진다.

증상은 여전히 남아 있지만, 증상이 뚜렷이 느껴질 때
조차 환자는 고통스러워하지 않는다. 고통도 이전처럼
심하지 않다. 자신이 증상을 무시하기 시작했다는 사
실을 스스로 의식하지 못할 정도로, 환자는 과거에 해
낼 수 없다고 느꼈던 과제들을 이제는 완성해 낼 수도
있다.

이런 현상이 꼭 의식적인 변화로 나타나는 것은 아
니다. 환자는 자신이 치료되었는지 여부를 판가름할
수는 없지만, 최선을 다하여 실제의 생활 여건에 도전
하는 자세를 취해 나갈 따름이다.

5

모리타 치료의 하루-환자의 체험담

　모리타 치료를 직접 체험한 환자들의 이야기를 들어 보면 모리타 치료가 어떻게 전개되는지 환자의 입장에서 이해하는 데 도움이 될 것이다. 여기서는 1969년도 〈아미키 니 아키루(Imaki ni Ikiru)〉라는 학술지에 실린 (9권 2호), 직업이 의사인 어느 신케이쉬추 환자의 체험담에 대해 영어로 번역한 내용을(Reynolds, 1976, pp. 33-34) 다시 싣도록 한다.

〈모리타 치료의 하루〉

2월 17일, 병원 입원 36일째 날

나는 7시에 덜커덕거리는 나무조각 소리에 잠이 깼다. 보통 때처럼 7시 10분에 세수를 하고 Y씨와 함께 연탄을 옮기러 갔다. 아침을 먹은 후 8시 30분에 다른 사람들과 함께 의사를 잠깐 보기 위해서 줄을 섰다. 9시가 되기 전에 라디오에서 나오는 방송에 맞추어 체조를 하고, 30분간 조용하게 좌선을 하였다.

나는 헝겊을 이용하여 이틀 전 내린 눈으로 더러워진 건물벽을 청소했다. 이일저일을 하다보면 거의 쉬지 못한다. 9시 30분경, 온실에 있는 물통을 사용하여 꽃들에게 물을 주었다. 그러고 나서 원고 교정을 도우러 응접실에 갔다. 교정은 세 시가 넘어서야 끝났다. 잘못된 글자들과 음절문자표와 같이 작은 실수들을 찾아내기 위해 아주 세심한 주의를 기울여야 했다. 그 원고는 〈현대 생활〉이라는 잡지 32권으로, 특별히 스즈키 박사를 기념하는 것이었다. 모든 계층의 사람들의 원고가 들어 있고 내용이 아주 흥미로워서 나는 거기에 빠져들었다.

오후 4시부터 요리 당번을 했다. 야채를 씻은 후 쌀을 정해진 통에 넣고 씻었다. 통 주변을 튀기는 쌀 씻기는 소리처럼 듣기에 좋은 것은 없을 것이다. 부엌에서 일하는 모든 사람들이 약간 긴장한 것 같아서 우리는 활기차게 움직였다.

오, 그렇지! 의사의 강의가 오후 1시에 있었다. 강의 내용은 환자들의 생각이 의사가 말한 바와 다를 때 어떻게 하면 좋을지 환자들에게 주는 모리타 교수의 충고에 대한 것이었다. 그런 경우, 설사 생각이 다를지라도 당분간 의사의 말에 따르라고 하였다. 즉 순종하라는 말이다. 순종을 할 때에는 자신의 생각과 다른 사람의 생각을 주의깊게 통합하는 것이 중요하다. 자신의 생각이 없다면, 맹목적으로 복종하는 기계와 다를 바 없다. 예를 들어, 서양 음악을 선생으로부터 배울 때 우리는 그 안에 포함되어 있는 원리를 쉽게 이해할 수 있다. 처음 선생이 노래를 교정해 줄 때, 그가 무엇을 뜻하는지 우리는 잘 알 수가 없다. 하지만 그가 시키는 대로 따라서 하다보면, 머지않아 자신의 실수가 무엇인지 깨닫게 된다. 이렇게 그 의사는 우리에게 모리타 교수의 이야기를 소개해 주었다.

그 의사는 어떤 면에서는 병원에 입원하는 것에 대해 환자들이 의심하고 꺼림칙하게 여기는 것이 좋은 점이 있다고 말했다. 지금까지 우리는 자신의 지력으로 이해하려고 애써 왔지만 실수를 연발했고, 아무리 열심히 애를 써도 자신의 문제를 이해하고 해결할 수가 없었다. 그래서 지금 우리는, 의심을 하면서도, 모리타 치료를 한 번 해 보기로 작정한 것이다. 어쨌든 병원 규칙에 순종하고 능동적으로 사는 것-그것이 중요하다. 그렇게 할 때 우리는, 모리타처럼, 자신의 경험을 통해 이해할 수 있다. K씨는 목욕물을 데우는 당번이어서 강의를 많이 듣지 못했다. 그는 끝날 때쯤 늦게 몰래 들어오다가 그 자리에서 들켰다. 내가 목욕물을 데울 때는 의사의 강의를 들으면 좋을 텐데-내 마음은 두 가지를 다 하려고 한다. 우리 마음이라는 게 그런 거지…

오후 4시 30분에 나는 다시 라디오 방송을 따라 체조를 하는 그룹에 참여했다. 그리고 저녁을 먹은 후에 의사의 주석이 붙은 일기를 되돌려받았다. 7시에서 7시 30분까지 좌선 자세로 조용히 앉아 있다가 응접실로 가서 거기서 '모리타 치료의 하루'라는 글을 썼다.

6

모리타 심리치료의 형태

완전하게 고립된 침대 휴식과 작업치료를 중시하는 모리타 상담은 기본적으로 장시간 병원에 머물러야 하는 입원치료, 그리고 치료자와 환자가 일대일로 만나는 개인치료의 형태를 선호할 수밖에 없다. 사실 모리타가 제시한 대부분의 치료 기법은 입원치료와 개인치료에 가장 잘 활용될 수 있는 도구들이다. 하지만 입원을 바탕으로 한 개인치료는 비용과 시간이 너무 많이 든다는 점, 치료자가 환자들과 함께 머물러 살아야 한다는 점, 치료를 받으려는 환자 수에 비해 치료자 수가 턱없이 부족하다는 점, 그리고 집단 역동의 효율성을 활용할 기회가 차단된다는 점 등이 지적되면서 새로운 형태의 모리타 치료가 등장하게 되었다. 통원치료, 집단치료, 편지치료 등은 이런 필요에 의해 개발되었다.

통원치료는 몇 가지 점에서 입원치료와 현저히 다르다. 먼저 통원치료에는 환자를 위한 특별한 치료 환경이 없다. 환자의 삶 전체가 통합적으로 관리될 수 있는 환경이 없다는 말이다. 아울러 치료자와 환자는 일주일에 한두 번 책상을 사이에 놓고 만나는 것이 고작이다. 따라서 치료자는 이 면담 시간 동안 환자를 도와서 신케이쉬추에서 벗어나도록 최대한의 노력을 해야 한다. 이를 위해 치료자는 환자의 내면적 개인생활사를 가능한 한 많이 알아서 환자가 불평하는 핵심 문제를 정확하게 짚어 내고, 또 환자가 처한 현재의 여건을 철저하게 파악해야 한다. 아울러 단순히 대화를 주고받는 데서 그치지 않고, 환자가 이해한 바를 실제 생활에 적용할 수 있는 실험 기회를 가능한 한 많이 가질 필요가 있다. 통원환자와의 상담 시간은 모리타 치료의 기본 철학을 가르치고 이를 실생활에 적용하도록 이끄는 일종의 집약적 실험 시간이라고 표현해도 크게 틀리지 않을 것이다.

모리타 치료에 집단치료가 적용되기 시작한 역사는 약 35년 정도로 여타 서양의 심리치료 기법에 비해 비교적 짧은 편이다. 원래 모리타는 집단치료에 큰 관심을 가지지 않았으므로 그의 생존 시에는 거의 집단치료를 사용하지 않았다. 모리타 치료가 기본적으로 개인치료에 적합한 치료 모형이라는 점이 작용했던 것 같다. 하지만 모리타가 타계한 후 모리타 집단 상담은 여러 가지 형태로 발전하게 된다(Reynolds, 1976).

모리타 집단치료는 그 형태에 따라 다양하게 운영된다. 그러나 이들이 운영되는 모습을 보면 대부분 비구조화된 체제가 아니라 구조화된 체제를 갖추고 있다. 다시 말하면 집단원들 사이에서 일어나는 순간순간의 역동을 활용하는 것이 아니라, 이미 정해진 절차와 과정에 따라 집단이 운영된다는 말이다. 어떻게 보면 진정한 집단치료라기보다는 집단을 이용한 개인치료라는 표현이 보다 어울린다고 말할 수 있다. 어쨌든 이 집단치료가 운영되는 대략적인 모습을 살펴보자 (Fujita, 1986).

병원에서 모리타 치료를 하게 되면 대개 10~20여 명의 환자들을 한 집단으로 다루게 된다. 물론 이들은 우연히 모인 사람들로서 처음에는 그들 사이에 특별한 집단 응집력이 있을 수 없다. 각 환자는 치료자와 별도의 관계를 갖고, 또 모리타 치료의 정해진 틀에 따라 일상활동을 전개한다. 동시에 가족 같은 분위기를 강조하는 집단에 속하여 서서히 시간이 흘러가면서, 집단구성원으로서의 응집력이 생기는 것 같다. 여기에는 같은 병원에 다니고 치료를 받는 동안 같은 유형의 생활을 한다는 사실도 작용하는 것 같다. 이런 분위기에서 환자들은 수직적인 관계와 수평적인 관계를 동시에 경험하게 된다. 치료자 또는 연령이 앞선 동료 환자들과의 수직적인 관계, 그리고 치료자의 수용적인 태도와 집단 전체가 자아내는 가족 같은 분위기 속에서의 수평적인 관계가 그것이다.

이런 구조 속에서 각 집단은 일종의 치료 공동체를

구성한다. 따라서 집단치료의 구성원으로 참여하는 것은 지역 공동체의 구성원으로 살아가는 것과 마찬가지다. 모리타 치료의 목적은 환자들로 하여금 건강한 사람으로 사회에 돌아가도록 하는 것이므로, 집단치료는 일종의 사회 훈련을 제공하는 무대가 되는 셈이다.

모리타 집단치료에서 사용하는 주요한 방법 역시 침대 휴식과 작업치료다. 집단치료에서도 침대 휴식을 하는 동안에는 철저하게 환자를 집단 생활에서 격리시킨다. 이 시간은 환자가 오로지 혼자 남아 있는 시간이다. 이 단계에서는 철저하게 '나-우리'의 관계가 비어지도록 한다. 이 격리의 기간 동안 환자는 '나'라고 불리는 사람과 '우리'라고 불리는 집단의 관계 안에서 자신을 돌이켜 보는 세기를 갖는다.

집단치료에서 작업은 집단 생활에 참여하는 주요 방법으로서 환자들을 '나-우리' 관계 속에 넣어두게 된다. 이 작업을 통해서 환자들은 당분간 자신의 증상을 내버려둔 채 자기에게 할당된 역할을 수행한다. 이때 환자들은 다른 집단원들이 자신에게 기대하는 것이 있다는 사실을 깨닫게 되며, 집단원들과 함께 한 작업의 결과를 실제로 체험하게 된다. 집단원들은 거의 낭비하는 시간 없이 집단 공동 작업에 참여하게 되는데, 이 공동 작업에는 체중 조절, 생활 환경 정리, 상호 지식 교류, 문화 활동, 스포츠, 게임, 하이킹, 수공예, 그림, 음악 감상, 미술 감상, 독서 등이 활용될 수 있다.

편지치료 역시 많은 모리타 치료자들이 사용하는 방법이다. 편지를 통하여 모리타 치료의 철학과 사상을 충고나 조언의 형태로 제공하는 것이다. 앞에서 언급한 것처럼, 모리타 치료에서는 신케이쉬추를 질병이 아니라 삶의 태도 내지는 성격 차원의 문제로 보고 있다. 따라서 삶에 대한 철학과 생각하는 방식을 바꾸면 신케이쉬추 증상 치료는 충분히 가능하다고 본다.

편지치료는 모리타 치료 과정에서 언급한 바 있는 일기치료와 매우 유사한 장점을 가지고 있다. 시간과 비용 면에서 효율성, 경제성이 뛰어나고(최근에는 이메일 덕분에 신속성까지 갖추게 되었다), 기록의 오랜 보관이 가능하며, 내적 갈등과 느낌을 글을 통해 표현하는 일본식 전통에도 어울린다. 아울러 익명성의 보장, 원거리 의사소통 수단이라는 장점도 더불어 갖추고 있다.

편지치료가 전개되는 과정은 여타 모리타 치료에서의 대화 유형과 크게 다르지 않다. 청담자는 자신의 문제와 불만을 표출하고, 의문을 제기하며, 진척 상황 등을 보고한다. 그러면 치료자는 상황에 따라 충고, 설명, 특정 문제에 대한 정보 제공 등 적절한 반응을 한다.

7

모리타 심리치료의 효과

모리타 심리치료의 치료 효과는 얼마나 될까? 심리 치료에서 '치료 효과'는 치료의 기준을 무엇으로 삼는가, 어떤 사람의 입장에서 판단하는가에 따라 달라 질 수밖에 없는 에메한 개념인데, 이는 모리타 심리치료에서도 마찬가지다. 모리타 심리치료 내에서도 무엇을 치료 효과로 볼 것인가에 대해서는 의견이 분분하다. 치료 효과를 검증하기 위한 방법도 다양하게 활용되어 왔다. 실험법, 면접법, 질문지법, 관찰법 등 기왕의 심리치료에서 활용하는 거의 모든 방법들이 사용되었다.

여기서는 모리타 심리치료 효과에 대한 연구 결과들을 일일이 소개하지 않을 것이다. 다만 평균적으로 보아 모리타 심리치료가 상당히 높은 치료 효과를 보인다는 점을 지적하려고 한다. 생리적인 변화 지표를 사용한 일부 연구물(Okuda, 1960)을 제외하면, 대부분의 치료 효과 연구들은(Morita, 1929; Yokohoma, 1968; Suzuki, 1967; Yora, 1959; Ohara, Aizawa and Iwai, 1970, Kora, 1965; abe, 1960; Takano, 1961; Miura & Usa, 1970, 이상 Reynolds (1976)에서 재인용) 모리타 치료를 받은 환자들의 60% 이상이 현저하게 호전된다고 보고하고 있다.

이 같은 결과는 최근의 연구물들에서도 발견할 수 있다. 현재 북미권에서 모리타 치료의 전도사 역할을 하고 있는 이시야마의 연구에 의하면, 모리타 치료는 긍정적인 재해석 기법의 하나로서 서구인의 사회불안, 수줍음, 신경증을 치유하는 데에도 높은 효과를 보인다고 한다(Ishiyama, 1984, 1986a, 1986b, 1986c, 1987a, 1987b, 1987c, 1988, 1990, 1991, 1994a, 1994b,

1996, 1997). 이런 점에서 모리타 치료는 일본에서 시작되었지만, 동·서양 문화권 공히 사용될 수 있는 효율적인 상담 수단으로 발전하였다는 사실을 인정해야 할 것이다.

| 참고문헌 |

Alden, L., & Ishiyama, F. I. (1997). Shyness and social phobia: Japanese and Western views. *The Canadian Clinical P*sychologist, 7(3), 4-7.

Fujita, C. (1986). *Morita therapy: A psychotherapeutic system for neurosis.* Tokyo: Igaku Shoin.

Goldner, E., Ishiyama, F. I., Nakamura, K., & Kitayama, A. (1994). Shinkeishitsu personality characteristics in women with eating disorders. *Journal of Morita Therapy, 5,* 167-169.

Ishiyama, F. I. (1994). Cross-cultural issues in introducing morita therapy to the west. *Journal of Morita Therapy, 5,* 57-60.

Ishiyama, F. I. (1996). Culturality of psychotherapy: A discussion on introducing Morita therapy into the North American therapeutic cultural context. Culture and Mind: Japanes. *Journal of Transcultural Psychiatry Research.* (in Japanese), *1,* 37-49.

Ishiyama, F. I. (1984). Modified appliaction of Morita therapy in the western counseling context for anxiety treatment. Paper presented at Western Regional Conference for Canadian Association of College and University Student Services, Vancouver,

B.C., Canada (March).

Ishiyama, F. I. (1986a). Morita therapy: Its basic features and cognitive intervention for anxiety treatment. *Psychotherapy, 23*, 375-381.

Ishiyama, F. I. (1986b). Positive reinterpretation of fear of death: A Japanese (Morita) psychotherapy approach to anxiety treatment. *Psychotherapy, 23*, 556-562.

Ishiyama, F. I. (1986c). Brief Morita therapy on social anxiety: A single-case study of therapeutic changes. *Canadian Journal of Counseling, 20*, 56-65.

Ishiyama, F. I. (1987a). Measurement of cognitive change and therapeutic effects of Morita therapy: A case study of treating social anxiety in a single session in Canada. *Japanese Journal of psychotherapy, 13*(2), 151-161.

Ishiyama, F. I. (1987b). Use of Morita therapy in shyness counseling in the west: Promoting client's self-acceptance and action taking. *Journal of Counseling and Development, 65*, 547-551.

Ishiyama, F. I. (1988). Morita therapy: A treatment of dogmatic self-containment in anxious and nervous clients. *The psychotherapy patient, 4*, 243-262.

Ishiyama, F. I. (1990). A Japanese perspective on client

inaction: Removing attitudinal blocks through Morita therapy. *Journal of Counseling and Development, 68,* 566-570.

Ishiyama, F. I. (1990). Helpful therapist responses and impact themes: A preliminary study of client experiences of Morita therapy sessions. Paper presented at the First International Congress of Morita Therapy, Hamamatsu, Japan (April).

Reynolds, D. K. (1976). *Morita psychotherapy.* Berkeley, CA: University of California Press.

Reynolds, D. K. (1989). *Flowing bridges, quiet waters: Japanese psychotherapies, Morita and Naikan.* Albany, NY: State University of New York Press.

저자 소개

박성희

1957년 서울 출생
서울대학교 사범대학 교육학과 졸업
서울대학교 대학원 교육학과 교육상담학 박사
한국행동과학연구소 상담실 책임연구원
미국 위스콘신대학교 상담학과 객원교수
캐나다 브리티시 컬럼비아대학교 상담학과(ECPS) 객원교수
한국상담학회 수련감독사
현재, 청주교육대학교 초등교육학과 교수

[저서와 역서]
담임이 이끌어 가는 학급상담(학지사, 2006)
한국형 초등학교 생활지도와 상담(공저, 학지사, 2006)
꾸중을 꾸중답게, 칭찬을 칭찬답게(학지사, 2005)
초등학교 현장 상담대화기법 동영상 CD 프로그램(학지사, 2005)
공감학: 어제와 오늘(학지사, 2004)
상담학 연구방법론: 사회과학 연구방법의 새로운 지평(학지사, 2004)
상담의 도구(대한민국학술원선정 우수도서, 이동렬과 공저, 학지사, 2002)
동화로 열어가는 상담이야기(학지사, 2001)
상담의 새로운 패러다임(대한민국학술원선정 우수도서, 학지사, 2001)
상담의 실제(대한민국학술원선정 우수도서, 이동렬과 공저, 학지사, 2001)
새내기 상담가를 위한 상담과 심리치료(이동렬과 공저, 교육과학사, 2000)
공감과 친사회행동(문음사, 1997)
사람들의 행동을 변화시키는 특이한 방법들(역, 양서원, 1995)

[수 상]
대한민국학술원선정 우수도서(2003)
제12회 한국교육학회 학술상 수상(2006)
제14회 삼천리자전거배 전국산악자전거대회 초급 마스타부 우승
제2회 봉화춘양목송이배 전국산악자전거대회 초급 마스타부 우승

동양상담학 시리즈 7

모리타 상담

1판 1쇄 인쇄 | 2007년 1월 5일
1판 1쇄 발행 | 2007년 1월 10일

지은이 | 박성희
펴낸이 | 김진환
펴낸곳 | 도서출판 **학지사**

주소 | 121-837 서울시 마포구 서교동 352-29 마인드월드빌딩 5층
대표전화 | 02)326-1500   팩스 | 02)324-2345
홈페이지 | http://www.hakjisa.co.kr
등록 | 1992년 2월 19일 제2-1329호
정가 | 7,000원
ISBN | 978-89-5891-407-5   94180
　　　　978-89-5891-400-6 (set)

동양상담학 시리즈

■ 마음과 상담 ①

상담은 사람의 마음을 전문적으로 다루는 활동이다. 따라서 상담자는 마음이 어떻게 생겼는지, 어떻게 작동하는지, 어떻게 변화되는지 등 마음에 대해 남다른 지식을 가지고 있어야 한다. 이 책은 마음에 대한 동서양의 관점을 살피고 이를 상담에 활용하는 전략에 대해 다룬다.

■ 불교와 상담 ②

불교에서 상담적 요소를 찾아내어 이를 현대 상담 이론과 상담 전략으로 정립하려는 노력은 꾸준히 전개되어 왔다. 이제 지금까지의 연구 결과를 종합하여 매듭을 하나 짓고 동시에 불교 상담의 미래를 전망할 시점이 되었다. 불교 상담의 어제, 오늘 그리고 내일을 조망해 본다.

■ 선문답과 상담 ③

선문답과 상담이 무슨 관련이 있을까? 이해하기도 어렵고 이해하려는 노력만으로는 절대로 풀 수 없는 선문답을 상담에 가져오는 일이 가능할까? 하지만 700여 년 이상 전개된 선문답의 역사를 들여다보면 답은 명쾌해진다. 단박에 존재의 본질을 꿰뚫고 들어가는 선문답은 실존적 상담을 이끌어 가는 중요한 실마리로서 손색이 없다.

■ 논어와 상담 ④

2,500여 년 전 공자가 제자들을 데리고 다니며 상담 활동을 전개했다는 사실을 아는가? 요즈음 말로 공자는 인생 상담에 도가 트인 분이다. 논어에 담겨 있는 공자의 지혜를 현대 상담으로 풀어낸다.

■ 퇴계 유학과 상담 ⑤

퇴계가 정립한 조선 성리학은 사람의 마음을 살핀 심성론이다. 경을 중심으로 전개되는 심성론에는 오늘날 상담학에서 다루는 많은 지식이 아주 섬세하게 논의되고 있다. 상담자로서 퇴계의 면모를 살펴보고 그의 아이디어를 현대 상담으로 끌어와 살핀다.

도덕경과 상담 ⑥

도덕경은 그야말로 상담책이라고 해도 과언이 아니다. 도덕경의 한 구절 한 구절이 모두 세상을 행복하게 살아가는 법에 대해 말하고 있기 때문이다. 삶을 소유가 아니라 누림으로 풀어내는 노자의 혜안을 통해 행복하게 살고픈 이들을 돕는 동양의 비법을 접할 수 있다.

모리타 상담 ⑦

신경증 치료를 위하여 모리타가 개발한 일본식 상담이다. 서양식 상담을 일방적으로 수입하지 않고 일본 내에서 자생적으로 성장한 상담이라는 점이 주목할 만하다. '아무것도 하지 않으면 자연적인 치유의 힘이 발동한다.'는 원리로부터 체계적인 상담법을 발전시킨 모리타의 창의성이 돋보인다.

나이칸 상담 ⑧

나이칸 상담은 모리타 상담과 어깨를 나란히 하여 세계로 수출되고 있는 일본식 상담이다. 감사하는 마음을 북돋아 일으킴으로써 청담자를 평화와 행복의 세계로 인도하는 방법을 제시하고 있다. 감사하는 마음을 일으키기 위하여 마련한 치밀한 세부 절차와 과정에서 일본 냄새가 강하게 풍기는 상담임을 느끼게 한다.

동사섭 상담 ⑨

세계 상담계에 내놓아도 좋을 만한 대표적인 한국식 상담이다. 불교적인 아이디어와 서양식 상담을 절묘하게 버무려 새로운 형태의 상담을 탄생시킨 용타 스님의 혜안이 놀랍다. 짧은 시간에 많은 사람들의 메마른 감정을 휘저어 감동을 주는 동사섭의 세계를 맛볼 수 있다.

박성희 저 / 46판 / 전9권 / 각권 7,000원 (세트 63,000원)

꾸중을 꾸중답게
칭찬을 칭찬답게

박성희 지음 | 신국판 | 204면 | 9,000원

교사와 학부모를 꾸중과 칭찬의 전문가로 거듭나게 하는 책

꾸중과 칭찬은 교사와 학부모가 가장 많이 활용하는 교육수단으로 교육효과를 결정하는 매개과정이기도 하다. 꾸중과 칭찬을 잘하면 교육을 성공적으로 이끌 수 있는 반면, 잘못하면 교육을 망치게 된다. 꾸중과 칭찬을 다룬 여러 문헌에 실린 내용을 알기 쉽게 정리하고 상담원리가 반영된 꾸중과 칭찬 방법을 자세하게 소개한다.

동화로 열어가는 상담이야기
-수용과 공감의 지혜-

박성희 지음 | 신국판 | 232면 | 8,000원

베갯머리에서 듣던 옛날 이야기처럼 쉽게 풀어 가는 상담이야기

재미와 이론을 함께 담은 책. 인간 변화의 원리와 전략을 쉽게 풀어놓고, 친밀한 예화를 통해 일상에서 흔히 접하는 이야기와 사건을 상담지식과 연결해 놓았다. 상담의 기본 토대인 바람직한 관계 구축을 위한 세 가지 방법, 상담자가 앞장서서 청담자를 리드하는 방법, 상담에서 활용하는 대화 방법 등에 대한 지식을 소개한다.

붓다의 심리학

붓다의 가르침과
서양 심리학의 조화로운 만남

Mark Epstein M. D. 저 | 전현수 · 김성철 공역 |
신국판 | 304면 | 15,000원

이 책은 불교가 정신치료나 상담의 한계를 보완해 줄 가능성을 살피고, 모든 정신은 명상적 자각을 할 수 있다는 것을 보여 준다. 불교와 정신치료의 두 분야를 오랫동안 병행해 온 저자 마크 엡스타인은 이 책에서 육도윤회를 심리학적인 관점에서 해석한다. 또한 심도 있는 명상을 정신역동적으로 해석하면서, 명상이 활용될 때 보다 효과적인 정신치료를 할 수 있다고 주장한다.

마음챙김 명상과 자기치유 (上, 下)

삶의 스트레스에서 자유로워지는 길

존 카밧진 저 | 장현갑 외 공역 |
신국판 | 384/352면 | 각권 10,000원

명상과 의학의 결합 그리고 명상과 과학을 흥미롭게 우리의 건강 및 삶의 질과 연관 짓는 책. 웰빙과 완전한 자기 구현을 위해 수많은 사람들이 선택한 마음챙김 명상법을 소개하고 있다. 마음챙김 명상을 통해 우리의 건강을 위협하는 삶의 스트레스에서 자유로워지는 길을 찾을 수 있으며, 인간사 전반과 통증 및 질병에도 대처할 수 있는 지혜를 얻을 수 있다. 의사, 명상수련을 전문으로 하는 종교인, 일반인들로부터 주목을 받아 왔으며, 신경정신과 전문의 등을 중심으로 실제 임상치료에 적용되고 있다.

마음이 지닌 치유의 힘

고통 속에서 의미를 찾아 극복하게 하는 안내서

Joan Borysenko 외 공저 | 장현갑 외 공역 |
272면 | 9,900원

이 책에서 고통은 단순한 고통으로 끝나는 것이 아니라 그 고통 속에서 의미를 찾아 극복해 나갈 때 엄청난 치유의 가치가 있음을 강조하고, 고통이 성장의 촉진제인 동시에 치료제가 될 수 있음을 알려 주고 있다. 마음이 지닌 엄청난 치유의 힘을 최대한 발휘할 수 있도록 명상, 기도, 최면, 심상 등 온갖 종류의 심리적 방법을 과학적인 증거를 들어가면서 쉬우면서도 친절하게 소개한다. 미국에서 장기간 베스트셀러에 오르기도 했다.

요가 첫걸음

과학적이고 체계적으로
요가 수련을 소개하는 실습지침서

샌드라 앤더슨 · 롤프 소빅 공저 | 조옥경 · 김채희 공역 |
국배변형판 | 252면 | 20,000원

몸과 마음이 어떻게 작용하고 있는지에 관한 원리를 충실하게 밝히면서 과학적이고 체계적으로 요가 수련을 소개하는 훌륭한 실습지침서. 내용은 물론이고 아름답고 우아한 동작을 묘사한 화보로 가득한 구성과 세련된 디자인에 절로 눈길이 간다. 요가의 어렵고 심오한 부분을 쉽고도 평이하게 소개하는 것과 더불어 요가로 몸과 마음을 단련하면서 마음과 영혼을 살찌우길 원하는 사람들을 위한 안내서로도 손색이 없다. 기본적인 내용에 충실할 뿐만 아니라, 개인적 필요에 맞는 맞춤식 요가 자세를 구성할 수 있는 방법도 제시한다.